孟子說

明日多媒體書

漫畫原著◎蔡志忠

動畫監製◎魚夫

閱讀的革命

温世仁

　　明日工作室成立之初，我曾出版了一本《媒體的未來》，預測未來媒體的發展方向。至今不過四年，大致的發展都如當初的預期。隨著網路和電腦的普及和發達，媒體的內容有更大更新的表現空間，人類的生活方式和吸收資訊的方式也愈來愈全球化。當九一一事件發生時，全世界幾乎都是同步目睹整個悲劇的發生，很多訊息事後雖然可以再製和整理，但媒體對人類生活撞擊的直接程度，已經超出我們以前可以想像的範圍。更不用說像網路的發言討論，幾乎取代了傳統媒體的發言位置，沒有人敢漠視網路行銷的力量，以及網路對文學發表形式的挑戰。

　　書也是一種媒體，這個傳統媒體受到衝撞之後，原本很多人預期會有電子書的出現，然而事實証明，人們還是選擇傳統的閱讀方式，書，很難以另一種全新的載體流通，因為我們生活中出現的媒體載具已經過多，有紙本書，有廣播，有電視電影，還有電腦和網路，幾乎包含了文字、圖像、聲音和影像，以現有的載具去吸收資訊，尚嫌不夠，如何能再學習並接納新的載具。以市場行銷而言，挑戰消費者的慣性本來就是一個十分困難的任務，更何況是一個習焉千百年的閱讀習慣。

　　人類的文明不斷的發展演進，知識的媒介和平台卻沒有相對應的大幅進步，原因何在？人們仍習慣從單一的平台吸取知

識。但是電腦和網際網路的出現,對傳統紙本書確實產生莫大的挑戰,當你能夠輕易的同時以文字、影像和聲音來進行學習和傳播,人們還會只滿足於文字的構成嗎?

慣性的閱讀習慣,以及人們對媒體傳播方式的不滿足,看起來似乎互相矛盾,但其實這正是媒體發展的一個必然方向。也正是「多媒體書」這種新產品,應運而生的背景條件。

這種書的革命並不是要取代原來的傳統形式,而是在傳統的基礎上多元化,讓閱讀的包容性更強,可能性更大,從而創造出更豐富多采的內容。「多媒體書」不只是慣性裡認定的書,它同時讓內容更多樣和普及,讓不同平台上的人都能依自己的慣性去取得知識和美感。

所謂的「多媒體書」,它不違背原有的閱讀習慣,而是在原來的脈絡裡,加深閱讀的廣度和深度。以前人類學習知識和美感經驗,主要來自紙本書的傳播,然而現代人卻是從三種Display(顯示平台)去學習和觀賞,一種是Paper Display;一種是TV Display;另一種是Monitor Display,這三種平台幾乎囊括了現代人所有吸取資訊及知識的管道,單一的媒體平台不再能滿足人們對資訊補充和知識學習的需求。而這些不同的Display,彼此之間的關係,是同一主題的不同表達,也具有

互相補充的功能，畢竟，媒體的發展趨勢是多元和互動，閱讀亦然。「多媒體書」便是以不同的平台來滿足不同族群對學習的需求，讓閱讀變得更生動，隨時隨地以自己喜歡的方式來進行。

而且「多媒體書」並不因為包容了不同的Display而有價格上的負擔，它基本上仍是一本書的大小、重量及價格，卻能讓讀者享受不同的平台轉換，習於紙本書的人可以選擇傳統的閱讀方式；喜歡影像閱讀的人可以在動態的影片裡學習知識；而經常使用電腦的人，也可以從互動的光碟裡得到豐富的內容。這是一種對傳統出版的「寧靜革命」。

媒體是人類溝通的工具，也是認識世界的方法，然而工具終究不能取代人們對學習和成長的渴望，工具為了服務和滿足人們的渴望而改進。我們的生活無時無刻不被媒體包圍，貼一篇自己寫的文章到網路上，或是一則街頭上的廣告；同步接收國際新聞，寰宇大事，或是欣賞一部文學鉅作。因為媒體的便利，生活在這個世代的人，比以往任何時代，具備了更好更多元的學習條件，也擁有更遼闊的世界。「多媒體書」不會是媒體發展的盡頭，但可以預見的是，它將再次帶來閱讀上的新革命。

003 序／閱讀的革命──溫世仁

◆ 孟子其人

010 承繼舊傳統，延續新價值

012 孟子的故事
012 【孟母三遷】
013 【斷機教子】
014 【孟母踐言】
015 【休妻風波】

016 孟子的思想
017 【溝通始祖】
017 【秉持性善學說】
018 【因材施教的教育理念】
020 【提倡民本思想】
021 【為民制產的經濟主張】

◆ 梁惠王篇

024 (上) 第三章　五十步笑百步
026 (上) 第三～二章　遁詞
029 (上) 第七章　不為和不能
030 (下) 第五章　鰥寡孤獨
032 (下) 第八章　武王伐紂

◆ 公孫丑篇

036 (上) 第二章　揠苗助長
038 (上) 第三章　以德服人
040 (上) 第六章　不忍人之心
043 (上) 第八章　與人為善

◆ 滕文公篇

046 (下) 第一章　守身以正
050 (下) 第二章　此之謂大丈夫
053 (下) 第八章　偷雞賊

◆ 離婁篇

056 (上) 第二章　法堯舜之道
058 (上) 第四章　反求諸己
059 (上) 第五章　天下國家
060 (上) 第八章　人必自侮然後人侮之
062 (上) 第十一章　捨近求遠
063 (上) 第十五章　觀眸知人
064 (上) 第十七章　男女授受不親
066 (上) 第二十六章　不孝有三，無後為大
068 (下) 第二章　好行小惠
070 (下) 第三章　君臣之道
071 (下) 第四章　見微知著

072 (下)第六章　虛有其表
074 (下)第十九章　人之所以異於禽獸者
075 (下)第二十二章　私淑孔子
076 (下)第二十五章　不以貌取人
077 (下)第三十章　世俗所謂不孝者五
080 (下)第三十二章　聖凡之別
081 (下)第三十三章　齊人

◆ 萬章篇
086 (上)第二章　欺以其方

◆ 告子篇
092 (上)第十章　魚與熊掌
094 (上)第十一章　求其放心而已
095 (上)第十三章　養身之識
096 (上)第十八章　杯水車薪
097 (上)第二十章　不以規矩不能成方圓

◆ 盡心篇
100 (上)第一章　安心立命
101 (上)第二章　盡人事聽天命
102 (上)第十章　豪傑之士
103 (上)第十六章　見善即行

104 (上)第十八章　生於憂患
105 (上)第二十章　君子有三樂
106 (上)第二十四章　登泰山而小天下
108 (上)第二十五章　公益與私利
109 (上)第二十八章　大丈夫柳下惠
110 (上)第二十九章　有為者辟若掘井
111 (上)第三十七章　恭敬而無實
112 (上)第四十章　因材施教
113 (上)第四十二章　以道為尊
114 (上)第四十五章　仁民愛物
115 (下)第三章　盡信書，不如無書
116 (下)第六章　隨遇而安
117 (下)第九章　道始於己
118 (下)第十一章　好名之人
119 (下)第十四章　以民為貴
120 (下)第二十章　勿以己昏責人明
121 (下)第二十一章　學貴有恆
122 (下)第二十二章　妄下論斷
123 (下)第二十三章　重做馮婦
126 (下)第三十五章　養心莫善於寡欲

128 附錄一：孟子年表
132 附錄二：孟子說使用說明書

孟子其人

承繼舊傳統，延續新價值

　　孟子，名軻，字子輿，是戰國時期鄒國人（今山東鄒縣）；約生於周烈王四年（公元前372年），卒於周赧王二十六年（公元前289年）。父名激，本是魯國貴族孟孫氏的後代，可惜在孟子幼年時即過世；留下孟子與母仇氏相依為命。孟子曾受業於孔孫子思的門人，學說傳承孔子一脈。也因為孟子受到了賢母良師的雙重陶冶，及長學成以後，不但一面為學生授業解惑，一面也展開周遊列國，可惜在外三十餘年，找不到可以實現他理想主張的機會，即使他曾經與齊宣王、梁惠王等就天下時勢論政，但都沒有成功。

　　這是因為孟子身處的戰國時代，是一個各國兵戎相伐，政治橫暴，民不聊生，社會道德崩壞，邪說橫行天下的時代。雖然諸侯廣納有才之人，但所起用的皆為權謀之士；相對之下，孟子貴民輕王、稱堯舜、崇孔子、以民為本的言論，就被諸侯視為迂論，不為君王所喜而致不被重用。晚年孟子回到家鄉，與弟子萬章等著書，共成孟子七篇，二百六十一章，三萬四千六百八十五字，除了闡述發揚儒家精神，也記錄生平言行與思想見解。至今，《孟子》一書是了解及研究孟子思想的主要依據。

　　如果説儒家思想由孔子集成開創，那麼發揚之功，就該歸於孟子。漢代趙岐尊孟子為「命世亞聖之大才」；唐代大儒韓愈曾著書推崇孟子盡得孔子真傳，以善辯之能，駁異端斥謬論，影響後世深遠，稱他「功不在禹下」，發展成新儒家代表，是儒家第二大宗師；南宋理學家朱熹把《論語》、《孟子》、《大學》、《中庸》合編為《四書集註》，更加提昇孟子的地位；元文宗則稱孟子為「鄒國亞聖公」。

　　以上這些都顯示出，在儒家學派中，孟子的地位僅次於孔子，即使他的思想言論在戰國時代不受重視，不為主政者所接受，然而卻流傳久遠，使儒家之學大放異彩，可以説儒家學説能在中國封建社會中佔據主導地位，孟子居功厥偉。

孟子的故事

從孟子自幼至長的成長軼事，可一窺孟子其人真性情；更可知以孟母之賢，如何教育出一代聖賢——

【孟母三遷】

孟子幼年喪父，家計貧困，只剩他與母親相依為命。由於家近墓地，不時可見喪葬儀式，送殯行伍絡繹不絕，久而久之，孟子便有樣學樣的和玩伴辦起喪事遊戲。孟母看到這種情形，覺得長此以往也不是辦法：「這不是個適合教育孩子的地方，再這樣下去，孩子將來只能替人辦喪事了。」於是他們搬離墓地，遷到熱鬧的街市居住，這次左鄰右舍都是些做生意的商人小販。

結果孟子天天看著商人做生意，又離宰殺豬羊的地方很近，便又學人做起買賣「快來買喔！最好的豬肉在這兒！」一副斤斤計較的模樣。孟母一看這情形，決定再次搬家，因為她深知環境對一個人的影響巨大，她不想兒子變成唯利是圖的人。

這次孟母決定搬到學校附近，希望孟子能夠致力於學。果真，孟子在耳濡目染下，開始跟著其他學生捧書唸誦，孟母這才欣喜的放下心來：「這才是適合居住的地方啊！」

【斷機教子】

等孟子到了就學年齡,孟母便將他送至學校讀書。但上學一段時間後,孟子就逐漸失去求知的興致。有一天,孟子回家後,孟母停下手邊進行的織布,問他上課都學些什麼?他意興闌珊地回說:「不知道,上課一點都不好玩!」說時毫無愧意。孟母一聽心中難過得不得了,想說為了讓孩子能有一個良好的學習環境,花了那麼多時間和心血,孩子卻不知上進,遂憤怒又傷心地拿起剪刀將正在編織的布匹剪斷。

孟子驚訝地說:「娘,您為何將好好的織布給剪斷?」

孟母生氣地說:「人為學如果半途而廢,就跟這割斷的布匹一樣,先前織得再好也沒用!你不肯好好讀書,幹嘛上學呢?」孟子當下又羞又愧,自此發憤學習,不敢懈怠,後來終成一代宗師。

【孟母踐言】

　　孟母教子不但注重教育環境，不惜三遷以覓佳處居住，希望孟子能培養端正良好的人格與學習動機，日常生活更是以身作則，認為言教不如身教。

　　有一天，孟子看見鄰居在殺豬，滿心好奇地問母親說：「為什麼隔壁人家在殺豬呢？」

　　正為事情忙得不可開交的孟母不及細想，隨口答說：「因為要請你吃啊！」

　　孟子一聽，高興得手舞足蹈，滿心期待著。孟母卻後悔自己的一時大意輕忽，她向來注重孩子的言行教育，盡心教養他，現在孩子越來越知曉世事，自己卻不經心地說了玩笑話，如果孩子信以為真，卻發現原來我是騙他的，不是自打嘴巴，教他不信不誠實嗎？想到這裡，雖然家裡經濟拮据，沒有多少金錢可挪用，孟母仍前去鄰戶買了豬肉，煮給孟子吃。

【休妻風波】

孟子及長，仍時時遵從母親教誨，後來發生休妻風波，更是在母命諄諄中知其過，而不敢輕言休妻。話說——

某天孟子匆匆回家，推開房門時，看見妻子恣意放鬆的蹲在地上。他心裡很不高興，便對母親說：

「這個婦人不講禮儀，請准許我把她休了。」

孟母說：「為什麼？」

孟子說：「她蹲在地上。」

孟母問：「你怎麼知道？」

孟子說：「我親眼看見的。」

孟母又問：「你有敲門或說一聲再進去嗎？」

孟子說：「沒有。」

孟母便說：「那麼是你不講禮儀，不是你妻子不講禮儀。《禮經》上不是說過：『將要進門時，必須先問是否有人在；將要進入廳堂時，必須先高聲呼話，讓裡面的人知道；將進房門時，雙眼必須往下看。』這樣是尊重別人，為的是不讓人措手不及，無所防備。而今你進房前，既沒有敲門，也一聲不響就進屋，因而看到妻子蹲在地上的樣子。這難道不是你的不對嗎？」孟子聽了，知道自己理虧，連忙認錯，從此再也不敢講休妻的事了。

孟子的思想

　　孟子生於爭戰紛亂的戰國時代，這是個在各方面都有重大改變與不安定的時代：政治上——封建制度崩解，專制制度卻未成形，戰國七雄各踞一方，競爭激烈，以致攻伐頻仍；經濟上——此時工具的使用已漸從銅器轉變為鐵器，這使得生產力提高，商業發展更甚，因此出現新的經濟勢力，對於整體大環境有極大的影響能力；思想上——各家思想流派齊放，儒、道、墨、法四大家之外，更有擅於遊說的縱橫家、精於論辯的名家、以及農家和陰陽家等等；成群結隊的士——士本來在封建制度中，是指擁有知識與行政能力的統治階級——因為封建制度的沒落，加上當時諸國君主的求才若渴，這群知識分子便集結在一起，擁其信仰的理念與風格，周遊各國間。

　　孟子便是身處於這樣一個既自由又不安，既開放又不定的時代。當時，因各國君主爭相擴充領土，在政治上也力求革新，因此廣納天下賢士。然而孟子以仁為主的儒家思想與學說，在那時並未得到認可與實踐，因為對統治者而言，那並不符合政治利益與時間效應。但是好的思想不會因此消失，歷經時間的考驗，孟子學說流傳至今，啓蒙了許多人的思想。

　　我們不難發現在許多方面，孟子都有著極先進獨創，不同於當世的看法——

【溝通始祖】

在中國歷史上,孟子是位非常特別的思想家。他的情感強烈,擅於辯論。雖然他的思想大都淵源於孔子,但由《孟子》一書可知,孟子不只作理論之談,更對法制、仁政、經濟和教育提出具體的看法。他的性格真摯剛直,與君主對談亦是毫無忌憚,行文用字間更可見其辭鋒機智。

孟子擅用寓言與一問一答方式,引人思考,可謂歷史上最早的溝通始祖。

【秉持性善學說】

孟子承認人性會受環境影響,而有不同的發展變化,但他肯定人性最始為善,提倡「性善說」。

他主張人性本質之異於動物,不外乎理性,由仁義行,且人性好善,與生俱來,只是一般人並未察覺使用,所以人要保持自身所擁有的善——包括仁義禮智,加以培養擴充,集義養氣,由內而外,使自身人格更成熟完整。

【因材施教的教育理念】

孟子不但是活躍的政治觀察家，更是位偉大的教育家。他效法孔子廣收門徒，宣傳他的思想學說。

孟子以為人的聰明才智天賦不一，不能都以一樣的方式去教導，應該視其差異，順其自然的自由發展，不要揠苗助長，過與不及都不是良好的教育方式。同時他非常注重啓發，主張人對事物要抱有懷疑精神——孟子在當時便已提出「盡信書，不如無書」的理論，認為人讀書要能慎思明辨，具備懷疑精神，但也不可隨意曲解。

  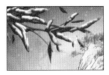 

當時孟子所秉持的教育方法，如今看來亦不過時。

另外，他更提出學習四要——

1 虛心——孟子認為為學要虛心誠懇，不僅學生要虛心學習，鑽研學問；教師亦要虛心，勿以身為人師而自滿，要抱著教學相長的心情，充實自己的學養，方能樂在作育英才。

2 有法——孟子以為學生為學要自動積極，從做中學、從經歷裡思考，領悟道理。而教師的職責是指導學生學習，不是代替學生學習。

3 專心——孟子認為為學之道，不在人的聰明智慧，而在於專心與努力。必須以全副心力去研究，才能有所成。

4 有恆——孟子以為為學做事都要持之以恆，貫徹始終，不可半途荒廢。尤其求學更要用心，始能有成。

【提倡民本思想】

　　孟子和孔子一樣，也曾周遊列國，與各國君主論政。當時，他便已提出「民為貴，社稷次之，君為輕」的觀念。他認為君王如果實施「民本說」以及仁政治民之法，人民就能安分守己，自各方來依，統治者也能長治久安，穩定秩序。

　　也因為孟子主張性善說，所以在與君王論政時，便強調統治者應該實施以德服人的仁政，而非以武力服人的霸政。這樣不僅能夠減輕民生痛苦，緩和社會矛盾，王道政治更能收天下民心於其國。

　　孟子的民本思想與行仁政的主張，一切以民心歸依為標準，這套理論，雖然尚缺如今所見的民主精神，卻是中國傳統政治理論之首創，在那以君主為大的時代，這樣的政治思想確實是空前難見。

【為民制產的經濟主張】

　　孟子以為政府不用對人民施行太多的福利政策，但要實施公平而穩定的微薄稅收、減少經濟活動的干涉以及鼓勵人民發展副業，以富足生活。他所提出的「井田制度」更影響到後世歷代的經濟制度，如隋唐的均田制。

　　所謂的「井田制度」，即土地為國家所有，授與人民耕種，除了各家私有之地，人民亦要助耕公田，當作納稅，如此一來， 農民有了恆常固定的田產，國家也能長享太平之治。

梁惠王篇

五十步笑百步

有一次，孟子遠從百里外的家鄉前往京城晉見梁惠王。他們一同散步來到宮廷的花園，梁惠王向孟子展示他養的那些珍禽異獸。

突然，梁惠王轉過頭來對孟子說：「你知道嗎，我把全副心力都放在處理國家的大小事上。像是前一陣子河內發生飢荒，我就趕緊下令叫城內身強體壯的年輕人移居到黃河東岸；從河東派送糧食到河內救濟那些老弱婦孺，因此拯救了許多人命。要是東岸也發生飢荒，一樣比照辦理。你可以把我跟鄰國的君主比較看看，那些人治理國家有我強嗎？起碼我比他們更愛臣愛民！但是，這幾天我一直想不透，既然如此，為何我國人民數量始終沒有增加？鄰國國民的數量也沒有減少呢？難道鄰國國民不會想搬到我國來住嗎？」

「我說皇上啊，想像你目前正在戰場上，你敲擊戰鼓，勇士們隨著咚咚鼓聲向前攻進。沒想到我國士兵的刀劍才碰到敵國士兵的刀劍，勇士就像吃了敗仗一樣落荒而逃。有的人跑了一百步才停下來；有些人跑了五十步就停下來，那些跑了五十步的士兵取笑跑了一百步的士兵膽小。皇上，你以為如何？」

「這個嘛……跑了五十步的士兵也是膽小鬼啊！他們只是因爲還沒跑到一百步而已，哪有資格罵那些跑了一百步的士兵！」

「這就對了啊！」孟子笑了笑說：「皇上，既知如此，你又何必計較我國與鄰國國民的人數呢？你只要繼續扮演好一國之君的角色，人民自會有所選擇。」

梁惠王曰：「寡人之於國也，盡心焉耳矣。河內凶，則移其民於河東，移其粟（ㄙㄨˋ）於河內；河東凶亦然。察鄰國之政，無如寡人之用心者。鄰國之民不加少，寡人之民不加多，何也？」

孟子對曰：「王好戰，請以戰喻。填然鼓之，兵刃既接，棄甲曳（一ˋ）兵而走。或百步而後止，或五十步而後止。以五十步笑百步，則何如？」

曰：「不可，直不百步耳，是亦走也。」

曰：「王如知此，則無望民之多於鄰國也。」

遁 詞

　　孟子的經濟理念不同於當世，有許多劃時代的想法，他曾對梁惠王提出如下的經濟主張──

　　如果不延誤農民在耕作時節的工作，豐收的五穀將食用不完；不用細密的網子在魚池裡捕魚，魚鱉將食用不盡；柴夫帶著斧頭，在可以砍伐的季節到山林裡砍木伐樹，木材就可以無限量供應。當五穀和魚鱉吃不完，木材也取之不盡時，人民將更能坦然看待生老病死，沒有遺憾；當人民在生老病死各方面都沒有遺憾時，就是施行王道的時候。

　　基於這個原則，讓每戶農家在五畝大的屋前空地，種植桑樹來養蠶，五十歲的長者就有絲織的衣服可以穿了；細心注意家中飼養的雞隻、大小豬隻、狗兒生育的時間，七十歲的老人就有肉類可以吃了；配給每戶人家一百畝的田地，不要用打仗、修橋鋪路的藉口剝奪他們耕作的時間，那麼人口眾多的家庭，就可以遠離挨餓受苦的生活。國家要慎重嚴肅的辦學治校，用孝順父母、敬愛兄長、尊重長者的道理反覆教導學生，那麼頭髮花白、上了年紀的老人，就不用再背著重物行走了。七十歲的老人有肉類可吃、有絲織的衣服可穿；年輕人遠離飢餓與受凍，如果這樣還不能完成千秋王業，那可稱得上是前所

未有的事。

　　但現在的國君卻不是這麼做。當糧食過剩，連狗兒、豬隻都吃人類的食物時，國君卻不收購餘糧防範飢荒；當年節不豐，地方上已有人餓死的消息傳來時，國君還不打開穀倉，拿出存糧救濟。人民被餓死，君王還推卸責任說：「不是我的關係，都是因為荒年收穫不豐啊！」這種說法就和拿刀把人刺死，卻說：「人不是我殺的，是這把刀啊！」一樣。身為國君，只要負起責任，不把罪過推到年歲凶荒上，那麼全天下的人民，自然都會歸從順服君王。

「不違農時，穀不可勝食也；數罟（ㄘㄨˋ ㄍㄨˇ，細密的網）不入洿（ㄨ，停積的水地）池，魚鱉不可勝食也；斧斤以時入山林，材木不可勝用也。穀與魚鱉不可勝食，材木不可勝用，是使民養生喪死無憾也。養生喪死無憾，王道之始也。

五畝之宅，樹之以桑，五十者可以衣帛矣；雞豚（ㄊㄨㄣˊ，小豬）狗彘（ㄓˋ，豬）之畜，無失其時，七十者可以食肉矣；百畝之田，勿奪其時，數口之家可以無飢矣；謹庠（ㄒㄧㄤˊ，古代的學校名稱）序之教，申之以孝悌之養，頒白者不負戴於道路矣。七十者衣帛食肉，黎民不飢不寒，然而不王者，未之有也。

狗彘食人食而不知檢，塗有餓莩（ㄆㄧㄠˇ，餓死之人）不知發；人死，則曰：『非我也，歲也。』是何異於刺人而殺之，曰：『非我也，兵也。』王無罪歲，斯天下之民至焉。」

不 為 和 不 能

自從孟子到了齊國後，時常與齊宣王論政，某日，他們談到治理國家大事的為與不為——

齊宣王問：「要如何區別不肯做和不能做的情況呢？」

孟子答：「假如有人要你將泰山挾在腋下，跳過北海，你告訴他『我不能』，那就是真的不能；但若是要你替一位長輩折一根細小的樹枝，你告訴他『我不能』，那就是不肯做，不是不能做！所以，身為君王卻不能完成各項國家大事，那就不是屬於挾泰山跳過北海的那一類人，君王不能完成國家大事，是屬於折小樹枝的那一類啊！」

曰：「不為者與不能者之形何以異？」

曰：「挾太山以超北海，語（ㄩˋ）人曰『我不能』，是誠不能也；為長者折枝，語人曰『我不能』，是不為也，非不能也。故王之不王，非挾太山以超北海之類也；王之不王，是折枝之類也。」

鰥 寡 孤 獨

一日，齊宣王與孟子談到該如何施行仁政——

齊宣王問：「要如何實行君王的仁政呢？請你告訴我。」

孟子答：「從前，文王在治理位於岐山下的周原市時，施行井田制度，只跟農人收取九分之一的租稅；那些做官的人，一生的俸祿都由子孫世代繼承；在市場巡守和看守道路關卡的官吏，只查問看起來可疑的人，不會強收商民的稅捐，打擾一般平民老百姓的生活；人民可以自由的蓄水養魚，或是設置捕魚器捕魚，官府不會強烈禁止；犯罪的人，只有自己本身會受

到懲罰，他的妻子或兒女不會受到他的連累。

　　年老無妻的稱做鰥夫，年老無夫的稱做寡婦，年老無子的
人稱做獨，年幼喪父的稱做孤，這四種人，分布在世界各處，
滿腹苦衷無處訴說，甚至窮困潦倒。文王了解這個情況，馬上
發布政令，行善之時，一定要先顧及到這四種人。詩經上有
說：『富有的人已經生活的夠好了，多可憐可憐那些孤苦無
依、窮困潦倒的人吧！』」

　　王曰：「王政可得聞與？」

　　對曰：「昔者文王之治岐（ㄑㄧˊ）也，耕者九一，仕者
世祿，關市譏而不征，澤梁無禁，罪人不孥（ㄋㄨˊ，妻與子
女的統稱）。老而無妻曰鰥（ㄍㄨㄢ），老而無夫曰寡，老而無
子曰獨，幼而無父曰孤。此四者，天下之窮民而無告者。文
王發政施仁，必先斯四者。詩云：『哿（ㄍㄜˇ，可也）矣富
人，哀此煢（ㄑㄩㄥˊ，困悴貌）獨。』」

武 王 伐 紂

　　孟子時常與齊宣王談古論今，一日，齊宣王與他談到古時之政——

　　齊宣王問：「商湯將夏桀放逐，武王討伐殷紂，眞的有這些事嗎？」

　　「在古書上是有這些記載。」孟子回答。

「夏桀、殷紂都為一國之君，商湯、武王則只是大臣，身為臣子的人卻殺死君王，這樣對嗎？」

「毀傷仁愛的人叫做賊；毀傷道義的人叫做殘，這一類無視仁義道德、殘義賊仁的人，就叫做獨夫。我只聽說武王殺了叫做紂的獨夫，可沒聽說武王殺死君王啊！」孟子回答。

齊宣王問曰：「湯放桀，武王伐紂，有諸？」

孟子對曰：「於傳有之。」

曰：「臣弒其君可乎？」

曰：「賊仁者謂之賊，賊義者謂之殘，殘賊之人，謂之一夫。聞誅一夫紂矣，未聞弒（ㄕ丶）君也。」

公孫丑篇

揠苗助長

公孫丑在一次會面中問孟子：「請問，什麼叫做『浩然之氣』呢？」

「哎呀！這個很難回答，」孟子說：「這麼說好了，浩然之氣的力量非常強大，如果你不隨便利用、殘害它，而以正當的方式去培養它，它就會充斥在你的週遭。浩然之氣，必須配合正義與天理，不然它就會慢慢熄滅，消失得無影無蹤。浩然之氣是長久集結所有正義的行為而形成，並不是靠著一兩次的義舉，或是從其他人身上偷來的。因此，當一個人的行為偏離正軌，或內心欲求不滿的時候，浩然之氣也會慢慢熄滅。所以我才會說告子還搞不清楚浩然之氣真正的意思，他認為正義是外在的東西，因此，想也知道他不可能培養內心真正的正義。要培養這浩然之氣，必須時時刻刻投入心力，絕對不可以有一絲的怠慢或遺忘。

但也不要為了培養浩然正氣而無所不用其極，千萬不要像那個住在宋國的傻瓜一樣。他因為擔心自己種的稻苗都長不高，某天早上，決定要『拉拔』這些稻苗長大，便細心的把每一株稻苗拉高一些。忙了一整天，傻瓜全身疲累的回到家，一進家門，就將今天的工作情況告訴家人：『累死我了，為了要

幫助田裡那些稻苗快長大，我今天一株一株的將他們拉高一些，弄得我腰酸背疼。』他的兒子聽了，心想不妙，快步趕往田地察看。果然，那些稻苗已經枯萎，無藥可救了。

在這個世界上，像傻瓜農夫這樣做事不經思考的人愈來愈多。那些以為培養浩然之氣是毫無意義，不願去做的人，就像是不肯鋤草、照顧秧苗的懶惰農夫；有意要培養浩然之氣，一骨腦兒的拚命想要它快快成形的人，就像是這個拉高稻苗的傻瓜農夫，他的行為不但沒有幫助，反而會造成很大的損失。」

「敢問何謂浩然之氣？」

曰：「難言也。其為氣也，至大至剛，以直養而無害，則塞（ムさˋ）於天地之間。

其為氣也，配義與道；無是，餒也。是集義所生者，非義襲而取之也。行有不

慊（くㄧㄝˋ，快也，滿足）於心，則餒矣。我故曰告子未嘗知義，以其外之也。必有事焉而勿正，心勿忘，勿助長也。無若宋人然：宋人有閔其苗之不長而揠（ㄧㄚˋ，拔）之者，芒芒然歸。謂其人曰：『今日病矣，予助苗長矣。』其子趨而往視之，苗則槁（ㄍㄠˇ）矣。天下之不助苗長者寡矣。以為無益而舍之者，不耘苗者也；助之長者，揠苗者也。非徒無益，而又害之。」

以德服人

　　表面上以仁愛的名義，私底下卻使用暴力與威脅來進行侵略的人，就能在諸侯間稱霸，但要完全統馭這些諸侯小國，卻需要一個後盾穩固、勢力範圍廣大的大國。表裡一致，推行仁政的人，自然有人願意歸服，完成天下大業；要完成天下大業，卻不必等到國家強大的時候。像商湯的國土只有七十方里，周文王的領土只有一百方里，雖然領土不大，他們兩個人卻都完成天下大業。

　　用武力使人歸服，只是因為他們的力量不如你，並不是真心順服你。用與生俱有的良善美德影響他們，他們自會打從心底順服你。就像孔子的七十個弟子順服他一樣。詩經提到：「從東西南北四方前來的人，沒有不心服口服的。」意思就是如此。

　　孟子曰：「以力假仁者霸，霸必有大國，以德行仁者王，王不待大。湯以七十里，文王以百里。以力服人者，非心服也，力不贍（ㄕㄢˋ，充足）也；以德服人者，中心悅而誠服也，如七十子之服孔子也。詩云：『自西自東，自南自北，無思不服。』此之謂也。」

以力服人者，
非心服也，力不贍也。
以德服人者，忠悅而誠服也。

拿武力去降服人，人不是真心
服氣，只是力量不足罷了⋯

力氣輸
給你罷了
，沒什麼
了不起。

拿德行去降服人，人是心中
喜悅而誠心信服的。

王者出於誠心，真摯愛人而
無意服人，故得到別人的信服；
霸者出於武力征服，虛假名義而
多許偽，故人只是勉
強屈服罷了。

不忍人之心

　　人都會有不忍他人受害的心。古代的君王不忍心他的子民受到傷害，當他在下達命令、做任何事之前，就會以他的子民為第一優先考量。用不忍子民受到傷害的態度，來治理國家，就能運籌帷幄，易如反掌。

　　為何說人都有不忍他人受害的心呢？當有人看見一個剛學會走路的嬰孩快掉到井裡時，不論那個人是誰，他一定會因為恐懼和同情心而趕快搶救嬰孩，這是人類的天性，不是因為這個人想藉機認識嬰孩的父母；也不是他想入圍好人好事代表，更不是因為他害怕別人指責他見死不救。

　　從這個觀點來說，沒有憐憫心腸的不配當人；沒有羞恥心的不配當人；沒有謙虛禮讓之心的不配當人；沒有分辨是非善惡之心的也不配當人。憐憫之心，是仁善的開端；羞恥之心，是正義的開端；謙虛禮讓之心，是禮儀的開端；分辨是非善惡之心，是智慧的開端。身為人，有這四個良善的開端，就像人

生下來就有雙手雙腳一樣。有這四個良善的開端，卻說自己無法做善事的，就是自暴自棄的人，評斷國君，認為國君無法行善還袖手旁觀，就是陷害國君的行為。

凡是發覺了解自己有四個良善開端的人，懂得將之推己及人，那麼這些善行就會像火苗一般的延燒，或像泉水一樣無止盡的湧出。積極將這四個善端拓展開來，讓它們日益茁壯，就有足夠的力量來運作天下；如果不能維持，反而還讓他們漸漸消失，那麼就連自己的父母手足也都照顧、影響不了！

孟子曰：「人皆有不忍人之心。先王有不忍人之心，斯有不忍人之政矣。

以不忍人之心，行不忍人之政，治天下可運之掌上。

所以謂人皆有不忍人之心者，今人乍見孺子（ㄖㄨˊㄗˇ，幼童的通稱）將入於井，皆有怵惕（ㄔㄨˋ ㄊㄧˋ，驚恐）惻隱之心。

非所以內交於孺子之父母也，非所以要譽於鄉黨朋友也，非惡其聲而然也。由是觀之，無惻隱之心，非人也；無羞惡之心，非人也；無辭讓之心，非人也；無是非之心，非人也。惻隱之心，仁之端也；羞惡之心，義之端也；辭讓之心，禮之端也；是非之心，智之端也。人之有是四端也，猶其有四體也。有是四端而自謂不能者，自賊者也；謂其君不能者，賊其君者也。

凡有四端於我者，知皆擴而充之矣，若火之始然，泉之始達。苟能充之，足以保四海；苟不充之，不足以事父母。」

與 人 為 善

　　孟子說過子路這個人，不但不忌諱他人指正過失，反而會因此感到開心；夏禹則是一聽見其他人提出很好的建議，就虛心接受。

　　舜的心胸更是寬大，無論是自己的親朋好友或是陌生人，他都會慷慨以對，並且能拋棄自己的成見，接受別人的意見，樂於吸取他人的優點來爲善，推己及人。從他還是個農夫開始，到他從事陶土製造、當漁夫，甚至成爲君王，依舊延續這樣的好習性。採納他人的長處爲自己的長處，吸取他人做善事的經驗，持續行善並推行於他人，等於幫助他人行善。所以君子的至高美德，就是幫助他人行善，爲善最樂！

　　孟子曰：「子路，人告之以有過則喜。禹聞善言則拜。大舜有大焉，善與人同。舍己從人，樂取於人以爲善。自耕稼陶漁以至爲帝，無非取於人者。取諸人以爲善，是與人爲善者也。故君子莫大乎與人爲善。」

滕文公篇

守身以正

　　孟子有個徒弟名叫陳代，在一次聚會上，他向孟子提出拜訪各個諸侯的建言。

　　「老師，您一直不肯去拜訪諸侯，是什麼原因呢？您是不是顧慮太多了？如果您現在就去拜會他們，向他們闡述您對仁義道德的主張，長久持續下來，一定可以幫助他們完成天下大業，要不然也可以幫他們在各小國間稱霸。《志書》上不是有說：『縮一尺，可以伸張八尺。』退一步就有那麼大的幫助，何樂不為？」

　　孟子回答：「從前齊景公出去狩獵時，拿召喚大夫的旗子召喚花園管理員來。管理員不理他，齊景公怒氣衝天便要殺他。孔子聽說了這件事，就稱讚管理員說：『真正的仁人志士，即使在荒野深山中因窮困潦倒而死，也不會忘記自己的本分；真正有勇氣的人，即使知道會戰死沙場，也從不懼怕。』孔子是稱讚管理員哪一點呢？就是欣賞他不會隨便回應無理的召喚。我又怎麼可以還沒等到諸侯的邀請，就起身去拜訪他們呢？況且《志書》上所說的縮一尺可伸張八尺是就商業牟利而言；因此就利益來說，如果縮八尺僅只伸一尺，這樣划得來嗎？」

孟子繼續說下去：「從前晉國的卿相趙簡子，請當時最有名的馬夫王良，替寵臣嬖奚駕車出外打獵。一天下來，嬖奚什麼鳥獸也沒獵著。嬖奚回去後向趙簡子抱怨說：『王良駕馬車的技術太差了，一整天都沒有收穫。』有人將這段話轉述給王良聽，王良就去拜訪嬖奚，並請嬖奚再搭他的馬車外出打獵，嬖奚原本不太願意，王良再三請求，他才勉為其難的答應。」

　　「結果呢，還是一無所獲嗎？」陳代好奇的問。

　　「不，那一次光一個上午，嬖奚就獵到十幾隻鳥獸。他一回去，就興奮的告訴趙簡子：『王良真是天底下最棒的駕車高手！』趙簡子於是提議讓王良替嬖奚駕駛馬車，王良卻不肯答應。他說：『第一次我依照法度趕車，在獵物後方追趕，他卻一隻動物也沒有獵到；第二次我不按正法駕車，對著動物直衝，他一個早上就獵到十幾隻動物。《詩經》上有說：「駕馬車的人不違反駕車的法度，射箭者一發中的。」我不習慣為這種毫無法度的人駕車，請辭掉我的差使吧！』

　　這麼說來，連駕車者都不想為了討好他人而喪失自己的原則，即使妥協可以讓獵物堆積如山，馬夫也不願意。那我怎麼可以為了遷就那些無禮的諸侯，而屈辱了遵從已久的道理呢？還有，您也搞錯了：讓自己受委屈的人，要如何去糾正他人呢？」

陳代曰：「不見諸侯，宜若小然。今一見之，大則以王，小則以霸。且志曰：『枉尺而直尋』，宜若可為也。」

孟子曰：「昔齊景公田，招虞人以旌（ㄐㄧㄥ），不至，將殺之。志士不忘在溝壑，勇士不忘喪其元。孔子奚取焉？取非其招不往也，如不待其招而往，何哉？且夫枉尺而直尋者，以利言也。如以利，則枉尋直尺而利，亦可為與？

昔者趙簡子使王良與嬖奚（ㄅㄧˋ　ㄒㄧ）乘，終日而不獲一禽。嬖奚反命曰：『天下之賤工也。』或以告王良。良曰：『請復之。』彊（ㄑㄧㄤˇ，迫使）而後可，一朝而獲十禽。嬖奚反命曰：『天下之良工也。』簡子曰：『我使掌與女乘。』謂王良。良不可，曰：『吾為之範我馳驅，終日不獲一；為之詭遇，一朝而獲十。詩云：「不失其馳，舍矢如破。」我不貫與小人乘，請辭。』御者且羞與射者比。比而得禽獸，雖若丘陵，弗為也。如枉道而從彼，何也？且子過矣，枉己者，未有能直人者也。」

此 之 謂 大 丈 夫

有位名叫景春的人，向孟子請益：「先生，魏國的公孫衍和張儀兩個人，難道稱不上是真正的大丈夫嗎？各國的諸侯就怕不小心得罪他們，這兩個人會聯合其他諸侯來攻打自己。只要他們兩人安居在家中，這天下的戰火也就跟著熄滅。」

孟子回答：「這兩個人哪稱得上是大丈夫呢？你沒有學過禮儀之道嗎？男子在行成年冠禮之後，父親就會傳授他所謂的大丈夫之道；女子出嫁前，母親會教導她身為妻子應盡的責任，直到要踏出家門了，母親都還會在耳邊叮嚀她：『妳去到婆家，一定要孝順公婆、侍奉丈夫，凡事盡心盡力，聽從丈夫的指示。』這麼看來，順從是為人妻妾的道理。

一個男子，要把理想與心志放在仁義當中，那是全天下最廣闊的住宅；立足在禮與法之上，才是站在最正大的位置；循

著正義倫理的道路前進，才是走在康莊大道。得志的時候，就率領民眾一起走向正道；當一切都不能順心如意的時候，就獨自步上自己的理想道路。

　　眞正的大丈夫，不會受到財富與尊貴的左右；貧窮與卑賤也不能動搖他的心志；權勢和武力也恐嚇不了他。公孫衍和張儀那兩個人，爲了保有地位，到處去拍諸侯的馬屁，逢迎諂媚，你說，這樣算是眞正的大丈夫嗎？」

　　景春曰：「公孫衍(一ㄢˇ)張儀，豈不誠大丈夫哉？一怒而諸侯懼，安居而天下熄。」

　　孟子曰：「是焉得為大丈夫乎？子未學禮乎？丈夫之冠也，父命之；女子之嫁也，母命之，往送之門，戒之曰：『往之女家，必敬必戒，無違夫子！』以順為正者，妾婦之道也。居天下之廣居，立天下之正位，行天下之大道。得志與民由之，不得志獨行其道。富貴不能淫，貧賤不能移，威武不能屈。此之謂大丈夫。」

偷雞賊

宋國士大夫戴盈之向孟子詢問稅收的方式——

戴盈之說：「先生建議我國以古代收取十分之一稅率的方式來徵收稅金，免除關卡及市場商人的稅金。依我看，這個辦法今年還不能實行。不如今年的稅收制度照舊，只是稍微減少一點金額就行了。等到明年再廢除舊制，先生覺得如何？」

孟子笑著回答：「有一個人，每次都將鄰居家跑來的雞，留下一隻。有人勸他收手，告訴他說：『這不是君子的行為，只有小人才會這麼做。』他便回答：『可是不拿白不拿啊！要不然，我改成一個月捉一隻，等到明年再金盆洗手，可以了吧！』你想想，如果明明知道這麼做是不合理的，就應該趕快停止，為什麼還要等到明年呢？」

戴盈之曰：「什一（十分之一），去關市之征，今茲未能。請輕之，以待來年然後已，何如？」

孟子曰：「今有人日攘（ㄖㄤˊ，竊取）其鄰之雞者，或告之曰：『是非君子之道。』曰：『請損之，月攘一雞，以待來年然後已。』如知其非義，斯速已矣，何待來年？」

離 妻 篇

法堯舜之道

圓規與曲尺，是繪畫方和圓的標準工具；古時的聖人，也成了現代人為人處世的模範與標準。要成為眾所稱頌的國君，就要遵行作國君的規範；要成為一位稱職的臣子，就要遵行作臣子的規範。而這些只要效法唐堯和虞舜的行事作風就能辦到。如果背離虞舜侍奉國君唐堯的方式，就是不敬君的臣子；不理會唐堯治理國家、統馭人民的方式來治國，就是在陷害人民。

孔子曾經說過：「做人只有兩種方式：有仁德及背叛仁德。」若是國君對待人民極不友善，殘害人民，人民便會起義反抗，不只會為自己招來殺身之禍，國家也會敗在他的手中。要是國君根本不曉得如何治理國家，那麼將為自身和國家招致

危險，隨時有被滅亡的憂慮，而這個國君可能還會被後世冠上像「幽」、「厲」，陰沉殘虐這種不入耳的諡號，藉以取笑他生前的無能。即使他的後代想藉由孝順父母、兄友弟恭、造橋鋪路來洗刷惡名，就是經過百年也無濟於事。

詩經上說：「殷商成功的覆滅夏朝，提醒殷商子孫以此為借鏡，嚴防他國以同樣的方式消滅殷商。」正是此意。現代的一國之君，也應該將周幽王和周厲王把國家和自己帶向滅亡道路的例子當作借鏡，時時警惕自己。

孟子曰：「規矩，方員之至也；聖人，人倫之至也。欲為君盡君道，欲為臣盡臣道，二者皆法堯舜而已矣。不以舜之所以事堯事君，不敬其君者也；不以堯之所以治民治民，賊其民者也。孔子曰：『道二：仁與不仁而已矣。』暴（ㄅㄠˋ）其民甚，則身弒國亡；不甚，則身危國削（ㄒㄩㄝˋ）。名之曰『幽厲』，雖孝子慈孫，百世不能改也。詩云：『殷鑒不遠，在夏后之世』，此之謂也。」

反 求 諸 己

　　我愛護他人，人家卻不肯親近我，我就應該反省自身的道德品行是不是有所缺失；我管理督導下屬，下屬卻不聽從我的指揮，我就應該反省自己是否充分應用智慧來行事，還是一個扶不起的阿斗上司；我禮貌的對待別人，別人卻仍然粗魯的回應我，我就應該反省自己的恭敬是否不夠周全。

　　做任何一件事卻收不到應有的成果時，就應該反省問題是不是出在自己身上，是不夠努力還是有欠思量處。若是做每件事都能這樣，身心自然就會端正，其他人也會漸漸順服你。就像詩經上說的：「事事配合著天命倫理，追求屬於自己的幸福。」

　　孟子曰：「愛人不親反其仁，治人不治反其智，禮人不答反其敬。行有不得者，皆反求諸己；其身正而天下歸之。詩云：『永言配命，自求多福。』」

天下國家

人們常把「天下國家」掛在嘴上，但是大家都知道「天下國家」真正的意思嗎？天下的根本在國；一國的根本在家；一家的根本就在家中每一位成員的自身品德操守上。

孟子曰：「人有恆言，皆曰『天下國家』。天下之本在國，國之本在家，家之本在身。」

人必自侮然後人侮之

對本來就不講仁義道德的人，你要如何對他說明仁義的觀念呢？他把即將面對的危險看做安全；把即將臨頭的大難看成好事，淨喜歡做些會讓自己倒大楣的事。如果連這種人都肯改過向善，遵從道德仁義規範的話，又哪來國破家亡的事情傳出呢？

從前有個小孩在路旁唱著歌謠說：「你看，滄浪的水這麼清澈，我可以拿帽帶來這裡洗。哎呀！你看滄浪的水怎麼這麼混濁，剛好可以用來洗我的髒腳丫。」

孔子剛好從小孩身邊經過，聽到他唱的這首歌，便轉頭對隨行的學生說：「你們有聽到小孩唱的歌嗎？水若清澈就用來洗帽帶；水若混濁就用來洗髒腳，都是一樣的東西，卻有天大的差別待遇，這是什麼緣故呢？這都是水自找的啊！」

　　人生在世，一定是你先不在乎自己，他人才會無視你的存在；一個家庭會四散，一定是家人先毀壞，別人才會毀壞它；一個國家會滅亡，一定是自己給人討伐的原因，他人才有藉口攻打你。《書經》〈太甲篇〉有提到：「老天爺降臨的災難還可以避免，但是自己造成的災禍，則是怎麼躲也躲不掉。」就是這個意思啊！

　　孟子曰：「不仁者，可與言哉？安其危而利其菑（ㄗㄞ，通「災」），樂其所以亡者。不仁而可與言，則何亡國敗家之有？有孺子歌曰：『滄浪之水清兮，可以濯（ㄓㄨㄛˊ）我纓（一ㄥ，繫帽的帶子）；滄浪之水濁兮，可以濯我足。』

　　孔子曰：『小子聽之！清斯濯纓，濁斯濯足矣，自取之也。』夫人必自侮，然後人侮之；家必自毀，而後人毀之；國必自伐，而後人伐之。

　　太甲曰：『天作孽，猶可違；自作孽，不可活。』此之謂也。」

捨 近 求 遠

　　治理天下的道理明明近在眼前，卻偏要到遠方去尋求；治
理天下這件事本來很容易，卻偏要從最難的地方開始做起。只
要每個人都能親愛敬長、孝順父母、友愛手足，天下就可以長
治久安了。

　　孟子曰：「道在爾，而求諸遠；事在易，而求諸難。人
人親其親、長其長，而天下平。」

觀眸知人

　　要分辨一個人的心地是否善良，看他的眼珠就知道了，因為眼珠會傳達許多訊息，掩藏不住一個人心中的邪惡。善良且行事坦蕩的人，從他炯炯發亮的雙眼就可以看出來；心藏惡念、不懷好意者，他的眼珠會黯淡無神，令人看不透的樣子。聆聽一個人說的話，觀察他的眼珠，這個人思想的好壞還藏得住嗎？

　　孟子曰：「存乎人者，莫良於眸(ㄇㄡˊ)子；眸子不能掩其惡。胸中正，則眸子瞭焉；胸中不正，則眸子眊(ㄇㄠˋ，眼睛看不清楚的樣子)焉。聽其言也，觀其眸子，人焉廋(ㄙㄡ，隱藏)哉？」

男女授受不親

　　齊國有位辯論家叫淳于髡，他很喜歡找人討論一些話題。有一次，他去拜訪孟子——

　　「先生，有人說男女之間不能用手直接收送物品，這樣才合乎禮儀。是這樣嗎？」

　　孟子回答：「沒錯，這是合乎禮儀的行為。」

　　淳于髡接著意有所指的問：「那麼，如果嫂嫂不小心掉到河裡去了，可以直接用手去救她嗎？」

　　「這個嘛……眼見嫂嫂掉進水裡而不去拯救，那跟殘暴無情的豺狼沒有分別。男女之間不直接用手收送物品是合宜的禮儀；但若是嫂嫂不幸掉進河裡，以手搭救，乃屬權宜之計，要知道人命關天啊！」

　　淳于髡存心為難孟子，問說：「當今天下的百姓都陷溺在水深火熱的暴政裡，先生為什麼不挺身而出，拯救天下蒼生呢？難道你還拘泥於所謂常道禮俗，受制於文人的節度，不肯去會見諸侯，冷眼旁觀蒼生受苦？」

　　孟子笑答：「你搞不清楚我的意思嗎？要拯救陷在暴政裡的人民，就要用仁義的道理去感化國君，援救人民。沒錯，嫂嫂溺水了，可以先將禮儀擺在一邊，伸手救助；但你總不能叫我放棄大道，用雙手去拯救天下百姓吧？」

　　淳于髡(ㄎㄨㄣ)曰：「男女授受不親，禮與？」

　　孟子曰：「禮也。」

　　曰：「嫂溺，則援之以手乎？」

　　曰：「嫂溺不援，是豺狼也。男女授受不親，禮也；嫂溺援之以手者，權也。」

　　曰：「今天下溺矣，夫子之不援何也？」

　　曰：「天下溺援之以道；嫂溺援之以手。子欲手援天下乎？」

不孝有三，無後為大

　　為人子女不孝的情況有三(註)，沒有後代是最嚴重的了。虞舜在娶堯帝的二個女兒時，並沒有事先告知雙親，是因為擔心不通情理的雙親會反對，耽誤了自己的終身大事，以致無法傳宗接代，才會先斬後奏。

　　基於這個理由，後世的文人君子認為虞舜沒有先告知雙親娶妻的事，還是合乎禮儀的。

　　註：在中國禮儀上，所謂不孝有三，是指──

　　一.阿諛曲從，陷親不義。

　　二.家貧親老，不為祿仕。

　　三.不娶無子，絕先祖祀。

孟子曰：「不孝有三，無後為大。舜不告而娶，為無後也，君子以為猶告也。」

好 行 小 惠

　　一天午後，孟子與弟子們在樹下談論世事，一位弟子提到：「我聽說，鄭國的公卿子產專門打理朝政大事。而他為了保護民眾不在多天遭受冷冽的水凍傷，曾用自己的馬車搭載民眾過溱河與洧河，我覺得子產真是一位仁政愛民的公卿。」

　　孟子說：「我不這麼認為。子產利用載人過河的方式，以為施予民眾小惠就能得到百姓的愛戴，卻不知道實際施政的道理在哪裡。若是他在十一月就派人在溱河與洧河上修建人走的橋樑；在十二月修建給馬車走的橋樑，這樣，人民就不會有過河、涉水的痛苦了。那些做官的人，如果能把政事處理妥當，

即使外出時，不准有民眾圍觀，我想，也沒有人會反對。何況要過河的人那麼多，光是一輛馬車怎麼載得下要過河的人？所以啊，處理國家大事的人，要是想藉由施予小惠的方式讓每個人都喜歡他，那麼就算花去他一輩子的時間，我想都是不夠用的。」

孟子的一番道理，讓弟子個個點頭稱是。

子產聽鄭國之政，以其乘輿（ㄩˊ，車），濟人於溱洧（ㄓㄣ ㄨㄟˇ）。

孟子曰：「惠而不知為政。歲十一月徒杠（ㄊㄨˊ ㄍㄤ，只可容人步行通過的木橋。）成，十二月輿梁成，民未病涉也。君子平其政，行辟（ㄆㄧˋ，通「闢」，闢除也）人可也。焉得人人而濟之？故為政者，每人而悅之，日亦不足矣。」

君 臣 之 道

　　孟子在與齊宣王的一次會面中提到：「若國君將臣子當作是自己的手足般愛護敬重，臣子也會將國君視作親近的人，竭盡心力的保護，不使國君受到傷害。

　　若國君將臣子當作是替自己工作的動物般漠不關心，臣子也會將國君當作是過路人一般視若無睹。若國君將臣子當作是爛泥、雜草般的任意踐踏、污辱，臣子也會將國君當作仇敵般的憎恨。」

　　孟子告齊宣王曰：「君之視臣如手足，則臣視君如腹心；君之視臣如犬馬，
　　則臣視君如國人；君之視臣如土芥（ㄐㄧㄝˋ），則臣視君如寇讎（ㄔㄡˊ）。」

見 微 知 著

　　假如文人仕士明明沒有犯罪還被判刑殺害，那麼士大夫就可以放棄官位逃離這個國家；假如民眾明明沒有犯罪還被判刑殺害，那麼文人仕士就可以收拾細軟，搬家避難！

　　孟子曰：「無罪而殺士，則大夫可以去；無罪而戮(ㄌㄨˋ)民，則士可以徙(ㄒㄧˇ)。」

虛 有 其 表

　　真正有品德操守的君子，是絕對不會去做那些似禮非禮的
行為，和那些似正義又非正義的假仁假義。

　　孟子曰：「非禮之禮，非義之義，大人弗為。」

人之所以異於禽獸者

　　人和動物不同的地方很少，只差在人類有仁義道德的天性。一般人都不曉得仁義的可貴在哪裡，因而將之背離，只有仁人君子才知道仁義的珍貴，將它保存，並由自身推廣出去發揚光大。

　　從這點看來，虞舜是一位真正的聖人。他明白世間萬物自有其運行之道，了解人類間慣有的倫理道德，完全依照天性裡的仁義來處理世事，而不是因為知道仁義道德的可貴，才勉強自己去做的。如此說來，那些背離仁義道德的人，跟動物實在沒有兩樣。

　　孟子曰：「人之所以異於禽獸者，幾希，庶民去之，君子存之。舜明於庶物，察於人倫，由仁義行，非行仁義也。」

私淑孔子

　　在朝廷擔任官位的聖賢之士，他們的美好德行、優良政績流傳到後世，可能到第五代就斷絕了；那些不在朝廷當官的仁人君子，他們的良德善行、學說，大概也是傳到第五代就消失無蹤了。我雖然沒能拜師於孔子門下，不過幸好孔子的德澤綿延不斷，我還能私自從孔子的傳人身上獲得一些孔子的良德與學問，獲益良多！

　　孟子曰：「君子之澤，五世而斬；小人之澤，五世而斬。予未得為孔子徒也，予私淑諸人也。」

不以貌取人

如果絕世美女西施的身上沾染了髒東西，我想大家都會遮住鼻子，假裝沒看到她就匆匆走過；但若是一位相貌醜陋不堪的人能屏除心中的雜念，洗淨身上的污垢，那麼要他負責祭祀上天的工作，我想也沒人會反對。

孟子曰：「西子蒙不潔，則人皆掩鼻而過之；雖有惡人，齊戒沐浴，則可以祀上帝。」

世俗所謂不孝者五

公都子有一次問孟子說：「齊國的匡章，是全國人公認的不孝子，您卻和他成為朋友，還相當有禮的對待他，這是為什麼呢？」

孟子回答：「一般所謂的不孝有五種：四肢怠惰，不願工作賺錢來養育父母的，是第一種不孝；只知道下棋賭博、愛喝酒，從不理父母日常衣食的，是第二種不孝；一心當個守財奴，只偏愛自己的妻子兒女，不理會父母需要的，是第三種不孝；終日沉溺聲色、縱欲狂歡，讓父母蒙羞的，是第四種不孝；逞勇好戰，三不五時就和人打架鬧事，進出官府像進出家門一樣頻繁，使父母擔心的，是第五種不孝。匡章有犯了上述的任何一種嗎？

匡章之所以背負不孝的罪名，還不都是他請求誤入正途的父親歸回正道，沒想到父子意見不同，一言不和，才會有他不孝的事情傳出。用善相責，是朋友相處之道；父子間用善相責，是最容易傷害到父子感情的。

　　匡章本來也希望能與家人同住，好享天倫之樂，沒料到只是與父親的意見不合，就被父親趕出家門。不能在家中陪伴他的家人，他就將兒子趕至遠方；不能侍奉雙親，他自覺不配接受妻子對他的鍾愛與侍奉，只好逼妻子與自己離婚。他心裡認為只有這樣做才是對的，才不會招致更大的罪過，這就是匡章的為人啊！他既無罪，又如此遵守禮儀正道，我為什麼不和他來往呢？」

公都子曰：「匡章，通國皆稱不孝焉。夫子與之遊，又從而禮貌之，敢問何也？」

孟子曰：「世俗所謂不孝者五：惰其四支，不顧父母之養，一不孝也；博弈好飲酒，不顧父母之養，二不孝也；好貨財，私妻子，不顧父母之養，三不孝也；從耳目之欲，以為父母戮，四不孝也；好勇鬥很（ㄉㄡˋ　ㄏㄣˇ，以凶狠的手段與別人爭勝），以危父母，五不孝也。章子於一有是乎？

夫章子，子父責善而不相遇也。責善，朋友之道也；父子責善，賊恩之大者。

夫章子，豈不欲有夫妻子母之屬哉？為得罪於父，不得近。出妻屏子，終身不養焉。其設心以為不若是，是則罪之大者，是則章子已矣。」

聖 凡 之 別

　　齊國人儲子有一次對孟子說：「你知道嗎？齊國國君派人暗中觀察你，想看看你的長相與其他人有哪裡不同？」

　　孟子聽了覺得好笑：「我跟其他人有什麼不同呢？古代的聖人虞舜和唐堯長得跟你我都一樣啊！若真有不一樣的地方，就是存在各人心中，仁義道德觀念的不同啊！」

　　儲子曰：「王使人瞷（ㄐㄧㄢˋ，窺視）夫子，果有以異於人乎？」
　　孟子曰：「何以異於人哉？堯舜與人同耳。」

齊 人

有一個齊國人，和大小老婆同住，大家相處和諧。

但奇怪的是他每次出門，便是酒足飯飽後才回家。大老婆好奇地問他跟誰一起吃飯喝酒啊？他就很得意地說都是跟一些有錢有勢的人在一起。大老婆覺得可疑，私下跟小老婆說：「我們老公每次只要一出去，就一定吃飽喝足後才回家，問他跟誰在一起吃飯喝酒，他就說是跟一些有錢有勢的人在一起；你有看過哪些政要名流來過家裡嗎？我可沒有看過。這樣吧！我來跟蹤他，看看他到底都是去哪裡了。」

隔天一早起床後，齊人匆匆忙忙出門，大老婆便偷偷跟在他先生後面。整座城都快走完一圈了，還沒有任何人停下來跟他先生說過一句話。最後她先生走到東城外面的墓園，看到有人在祭拜祖先，便過去跟他們乞討祭拜完的酒肉飯菜；吃不夠，又東張西望到別的墳墓上去乞討——原來這就是他酒足飯飽的方法啊！

　　大老婆看了他的行爲後，心裡非常難過，趕緊跑回去告訴小老婆說：「我本來以爲老公是我們這輩子的依靠，沒想到他竟然是一個這麼好吃懶做，毫無羞恥心的人！」於是兩個人卯起勁來痛罵她們的老公，最後還在院子裡難過得相擁而泣、抱頭痛哭。

　　先生還不知道大小老婆已經識破他的詭計，仍得意洋洋的吹著口哨回到家中，對兩個老婆裝出一副很了不起的樣子，說今天又是跟誰一起去吃喝玩樂。兩個老婆聽了老公的一番吹噓，只能無奈的搖搖頭。

　　以君子的眼光來看此事，就可以知道很多人爲了升官發財，用盡一切手段，而他們的老婆知道以後不會覺得羞恥、難過的，應該不多吧！

齊人有一妻一妾而處室者，其良人出，則必饜（一ㄢ丶，飽）酒肉而後反。其妻問所與飲

食者，則盡富貴也。其妻告其妾曰：「良人出，則必饜酒肉而後反；問其與飲食者，盡富貴也，而未嘗有顯者來。吾將瞯良人之所之也。」

蚤（ㄗㄠˇ，通「早」）起，施（一ˊ，即斜行，迂迴曲折著走路）從良人之所之，偏國中無與立談者。卒之東郭墦閒之祭者，乞其餘；不足，又顧而之他，此其為饜足之道也。

其妻歸，告其妾曰：「良人者，所仰望而終身也。今若此。」與其妾訕其良人，而相泣於中庭。而良人未之知也，施施（ㄕ ㄕ，喜悅自得的樣子）從外來，驕其妻妾。

由君子觀之，則人之所以求富貴利達者，其妻妾不羞也而不相泣者，幾希矣！

萬 章 篇

欺 以 其 方

有一次，萬章與孟子提到古代聖人虞舜的故事──

萬章說：「虞舜的雙親真想置他於死地！有一次，虞舜的父母要他去修理穀倉屋頂。等虞舜爬上了倉頂，他的父親瞽瞍卻把梯子藏起來，還打算放火燒了穀倉。幸好虞舜聰明，自己想辦法逃了下來，只是才驚魂未定，他父親又要他去把屋後那口井挖深一點，虞舜才下到井底，他的雙親卻用泥土將井口封起來，假裝沒事離開。幸好天資過人的虞舜又想辦法逃了出來。

虞舜同父異母的弟弟象不曉得他已經死裡逃生，還得意洋洋的對父母親說：『這次謀害舜能成功，都是我出的主意，算我的功勞。這樣吧！他飼養的牛羊牲畜都歸你們，穀倉也給你們；至於刀劍武器、還有那把雕工細緻的弓箭，以及聲韻優美的五弦琴都是我的。我那兩位貌美的嫂子也給我吧！叫她們現在可以準備來伺候我了。』

象將屬於虞舜的東西都分派完了，正要前往進入虞舜的住

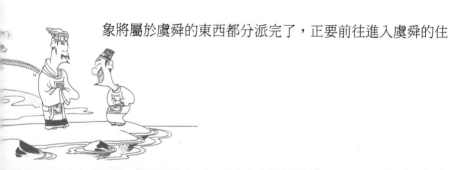

處時，卻看到他正坐在床上彈奏五弦琴。象馬上收起一臉奸詐，假裝關心的說：『到處都找不到你，你跑到哪裡去了，我好擔心你。』表面如此，其實象的心中正納悶虞舜怎麼沒有死。虞舜淡淡的說：『我正在想著那些臣民。處理國政真是麻煩，咦！你來幫我處理國政好不好！』虞舜這麼大方，難道他不知道象處心積慮要殺他嗎？」

孟子聽了萬章的話，遲疑了一會兒後回答：「虞舜天資聰穎，他怎麼可能不知道呢！但是基於手足之情，使他會被象的情緒所左右；被象的悲或喜所影響。」

「照先生這麼說，虞舜是假裝喜歡他的弟弟，假裝與他的家人和平相處嗎？」

「不是這樣的。從前有人送了一條活魚給鄭國大夫子產，子產請管理池塘的小官將魚養在池塘裡，可是那人卻偷偷將魚煮來吃掉了，還回報子產說：『那條魚一進入池塘，起先因為是陌生環境而不敢放肆。過了一會兒，牠就悠遊自在，緩緩地游入池塘深處去了。』子產聽了那人的話，開心地說：『這魚回到了適合牠的環境，真是適得其所啊！』管理池塘的人出來，便說：『誰說子產聰明？我都把魚煮了吃掉，他還說：「適得其所！適得其所！」』

由這件事可以知道，一般人用合乎情理的謊言來欺騙正人君子還行得通，千萬不可以用不合常理的事情來欺騙他，君子是君子，可不是傻瓜啊！象以敬愛兄長的名義來面對虞舜，虞舜當然歡喜的誠心相信著，怎麼可以說虞舜是故意假裝的呢？」

萬章曰：「父母使舜完廩（ㄌㄧㄣˇ，糧倉），捐階，瞽
瞍（ㄍㄨˇ ㄙㄡˇ）焚廩；使浚（ㄐㄩㄣˋ，通「濬」，疏通或
鑿深水道）井，出，從而揜（ㄧㄢˇ，蓋）之。象曰：『謨蓋
都君，咸我績。牛羊父母，倉廩父母，干戈朕，琴朕，弤
（ㄉㄧˇ，雕弓）朕，二嫂使治朕棲。』象往入舜宮，舜在牀
琴。象曰：『鬱陶，思君爾。』忸怩（ㄋㄩˋ ㄋㄧˊ）。舜
曰：『惟茲臣庶，汝其于予治。』不識舜不知象之將殺己
與？」

曰：「奚而不知也！象憂亦憂，象喜亦喜。」

曰：「然則舜偽喜者與？」

曰：「否。昔者有饋生魚於鄭子產，子產使校人(ㄒㄧㄠˋ
ㄖㄣˊ，主管池沼之小吏)畜之池。校人烹之，反命曰：『始舍
之，圉圉（ㄩˇ ㄩˇ，困而未舒之貌）焉；少則洋洋焉，攸
然而逝。』子產曰：『得其所哉！得其所哉！』校人出，
曰：『孰謂子產智？予既烹而食之，曰：「得其所哉！得其
所哉！」』故君子可欺以其方，難罔以非其道。彼以愛兄之
道來，故誠信而喜之，奚偽焉？」

告子篇

魚與熊掌

孟子說：「我喜歡吃魚，也愛吃熊掌；如果兩種食物不能同時得到，我會捨棄魚而選擇熊掌。我珍惜生命，更珍惜得來不易的正義；若兩種不能同時得到，我會捨生求義。生命是我所喜歡的，可是還有比生命更讓我喜歡的，因此，我絕不做苟且偷生之事，那使我覺得糟蹋上天賜予的珍貴生命；我憎恨死亡，可是還有比死亡更令我討厭的，因此，再大的禍患我都不怕、不逃避。」

孟子曰：「魚我所欲也；熊掌亦我所欲也，二者不可得兼，舍魚而取熊掌者也。生亦我所欲也；義亦我所欲也，二者不可得兼，舍生而取義者也。生亦我所欲，所欲有甚於生者，故不為苟得也；死亦我所惡，所惡有甚於死者，故患有所不辟也。」

孟子曰：「魚，我所欲也；熊掌，亦我所欲也。二者不可得兼，舍魚而取熊掌者也。生，亦我所欲也；義，亦我所欲也；二者不可得兼，舍生而取義者也。」

告子篇上第十章

魚是我喜歡吃的，熊掌也是我所喜歡吃的……

如果兩樣得不能兼，只有捨棄魚而取熊掌。

生命是我所愛好的；義禮也是我所愛好的，

如果兩樣不能兼全，只有捨去生命而取義理。

生命雖然重要，但還有比生命更重要的「義」。保全本心的義，不要因私欲而失掉，就算要失掉生命去守義也在所不惜。

求其放心而已

　　仁德，是人的良心；正義，是人要走的道路。捨棄大路不走，良心丟了也不想找回來，這真是最大的悲哀呀！若有人的雞隻或狗兒不見了，他會費盡心力去尋找；自己的良心泯滅消失了，卻不知道去找回來。求學問沒有其他捷徑，只要把走失的良心找回來就可以了。

　　孟子曰：「仁，人心也；義，人路也。舍其路而弗由，放其心而不知求，哀哉！人有雞犬放，則知求之；有放心而不知求。學問之道無他，求其放心而已矣。」

養 身 之 識

　　當你希望一棵兩手可以圍住、一手能夠把握的桐樹或梓樹
生長茁壯時，你會知道該如何細心呵護養育它。但是對你自己
呢？你卻不懂得如何培養照顧自己，難道愛自己比愛桐樹、梓
樹還難嗎？實在是不去用心思啊！

　　孟子曰：「拱把之桐梓，人苟欲生之，皆知所以養之
者。至於身而不知所以養之者，豈愛身不若桐梓哉？弗思甚
也！」

杯 水 車 薪

　　有仁德的一定會戰勝那些沒有良心的，這個道理就像水一定可以熄滅火一樣。然而現代推行仁德的人很辛苦，就像要拿一杯水去消滅一整車燃燒的木頭。無法熄滅火，就推說是水滅不了火。這種說法剛好助長那些沒良心、不仁不義的氣勢，非要弄到連一點仁義道德都蕩然無存才肯罷休。

　　孟子曰：「仁之勝不仁也，猶水勝火。今之為仁者，猶以一杯水，救一車薪之火也；不熄，則謂之水不勝火。此又與於不仁之甚者也，亦終必亡而已矣。」

不以規矩不能成方圓

　　神射手后羿教人射箭，一定會要求他達到拉滿弓的技術標準；學習的人，心中也一定會期望能達到拉滿弓的境界。工師教導徒弟手藝，一定要按照規矩，以成方圓之物；學習的人也必須按照規矩，製成方圓的東西。這就是做事的要領。

　　孟子曰：「羿之教人射，必志於彀（ㄍㄡˋ，弓滿也）；學者亦必志於彀。大匠誨人，必以規矩；學者亦必以規矩。」

盡 心 篇

安心立命

　　能夠發現自己靈性的人，就可以知道自己與生俱來的本性，能夠知道自己的本性，就可以明白天地間的運行之道。保存自己的靈性，順養自己的天賦本性，這就是服從天地的道理所在。不論生命的長短，也不去懷疑或無理的探究，只是修身養性，等候天道的啓示，這就是立全天命的方式了。

　　孟子曰：「盡其心者，知其性也。知其性，則知天矣。存其心，養其性，所以事天也。殀壽（一ㄠˇ　ㄕㄡˋ，命之短長也）不貳，修身以俟（ㄙˋ，等待）之，所以立命也。」

盡人事聽天命

　　人一生的禍福得失，早在出生前就已經底定，是謂天命。只要順著天地的運行，尋正道行即可，無須強求。就因為如此，真正明瞭生命的人，不會站在即將倒塌的危牆邊。行正道，一生以修身養性為主的人，若不幸死亡，也是自然過世；因為犯罪被判刑而死的人，就不是天定的正命了。

　　孟子曰：「莫非命也，順受其正。是故知命者，不立乎巖牆之下。盡其道而死者，正命也；桎梏（ㄓˋ　ㄍㄨˋ，腳鐐手銬，所以拘罪人也）死者，非正命也。」

豪傑之士

　　靜待周文王的教化才奮發向上的，是一般的平民百姓；雖然沒有周文王的教化，仍能奮發向上，求取智慧的，就是了不起的賢傑智者。

　　孟子曰：「待文王而後興者，凡民也；若夫豪傑之士，雖無文王猶興。」

「見 善 即 行」

　　當初虞舜住在深山裡，與石頭樹木同處，和小鹿山豬結伴悠遊於森林之中，他的模樣與行徑，跟住在山中的野人幾乎沒有兩樣。但當他聽到一句好話，看見一件善行時，他會馬上記下並立刻實行，這就像大江河突然潰決開通，速度之快，誰也擋不住。

　　孟子曰：「舜之居深山之中，與木石居，與鹿豕(ㄕˋ，豬)遊，其所以異於深山之野人者，幾希。及其聞一善言，見一善行，若決江河，沛(ㄆㄟˋ)然莫之能禦也。」

生 於 憂 患

　　有品德、智慧、道術、知識的人，往往成長於不甚安定的環境之中。被排除疏遠的孤獨臣子，婢妾所生的失寵孩子，他們的心思比一般人細膩，常懷著戒慎恐懼的心態，對於未來的考量與憂慮也比一般人來的深遠，就因為這樣，這些人多數比一般人更通情達理，熟曉世事。

　　孟子曰：「人之有德慧術知者，恆存乎疢（彳ㄣˋ，疾病）疾。獨孤臣孽子，其操心也危，其慮患也深，故達。」

君子有三樂

　　君子有三件樂事，其中並不包括統治天下萬民。雙親健在，兄弟姊妹相處和諧，一樂也；對上不愧於天，對下不愧於人，二樂也；擁有一批才華出眾的學生，盡己所知的教育他們，三樂也。讓君子快樂的三件樂事，並不包括統治天下萬民啊！

　　孟子曰：「君子有三樂，而王天下不與存焉。父母俱存，兄弟無故，一樂也；仰不愧於天，俯不怍（ㄗㄨㄛˋ，慚愧）於人，二樂也；得天下英才而教育之，三樂也。君子有三樂，而王天下不與存焉。」

「登泰山而小天下」

　　孔子當初登上東山環顧四週，便覺得魯國變小了；登上泰山，就覺得世界也變小了。所以見過浩瀚大海的人，一定會覺得任何長江大河也難以和大海相比；在各個大師門下學習道理的人，一定會覺得任何的長篇大論也比不上大師的一番話。

　　熟悉門道的人都知道，要看水的來源是否充足，觀察他的波瀾是否壯闊就可以知道；只要太陽與月亮照得到的地方，一定能接受到光線。流水要是沒有將坑洞灌滿，是不會向前進的；君子立志求學問道，要是還沒達到訴諸文字，將思想表現於文章上的程度，就不能踏上成為大師的道路。

　　孟子曰：「孔子登東山而小魯，登太山而小天下。故觀於海者難為水，遊於聖人之門者難為言。觀水有術，必觀其瀾；日月有明容光必照焉。流水之物也不盈科不行；君子之志於道也，不成章不達。」

公益與私利

　　聽到雞啼就起床，一張開眼就開始計劃要做什麼善事的，是像虞舜這類的人；聽到雞啼就起床，一張開眼就開始計劃要如何謀取私利的，是像盜蹠那樣的人。要分別虞舜與盜蹠，沒有其他的方式，只看他喜歡做善事還是一心只謀私利。

　　孟子曰：「雞鳴而起，孳孳(ㄗ ㄗ，勤勉之意)為善者，舜之徒也；雞鳴而起，孳孳為利者，蹠(ㄓˊ，盜也)之徒也。欲知舜與蹠之分，無他，利與善之間也。」

大 丈 夫 柳 下 惠

　　柳下惠（註）不會因為當過太師、太傅、太保三個高階官職，就改變他的操守或行事作風。

　　註：柳下惠，春秋魯國大夫，曾擔任三公之職。相傳他夜宿於城門，遇見一無家可歸女子，擔心女子受風寒，遂擁其坐己懷中，以衣相裹。竟夜無踰矩之行為。此即柳下惠坐懷不亂的由來。

　　孟子曰：「柳下惠不以三公易其介。」

有為者辟若掘井

　　要成為一個有作為的人，就好像挖掘一口井一樣，假如這口井已經挖到九尺深了，卻還看不見水源，便因此放棄，那豈不是功虧一匱！

　　孟子曰：「有為者辟若掘井，掘井九軔（ㄖㄣ丶，通「仞」，八尺為一軔）而不及泉，猶為棄井也。」

恭敬而無實

　　只供應他日常三餐，卻對他一點關愛之心都沒有，就像把人當作豬隻一樣看待；只是疼愛他，卻一點尊敬的態度都沒有，這就像把人當作牛馬一樣畜養。恭敬之心，是在還沒有禮物前就已經存在人的天性裡，如果只有恭敬的外在，內心卻是虛應了事，就不算是真正的尊敬。真正的正人君子，是不會用這種表面虛偽的尊敬來對待他人，也不會被這種表面的虛偽尊敬而矇騙。

　　孟子曰：「食而弗愛，豕交之也；愛而不敬，獸畜之也。恭敬者，幣之未將者也。恭敬而無實，君子不以虛拘。」

因材施教

　　君子用來教人的方法有五種：第一，讓教育有如及時雨灌溉草木一般，在適當的時候施行教育；第二，使人發揮德行，有所成就，甚至影響其他人；第三，使人盡情發揮與生俱來的才能；第四，有問必答，解除人們心中的疑惑；第五，幫助那些沒有上學受業的人，也能自動自發讀書進取。以上這五種，就是君子用來教人的方法啊！

　　孟子曰：「君子之所以教者五：有如時雨化之者，有成德者，有達財者，有答問者，有私淑艾者。此五者，君子之所以教也。」

以 道 為 尊

　　天下有道時，道德正義就會隨著君子的出現而實行；當道
德正義蕩然無存的時候，君子就跟著消失。所以我從沒有聽說
過有道德正義的人遷就庸凡之輩的。

　　孟子曰：「天下有道，以道殉身；天下無道，以身殉
道。未聞以道殉乎人者也。」

仁民愛物

　　君子應該用愛護的心態去對待自然界的花草與動物，不應該用待人處事的仁德去對待它們；君子應該用仁愛關懷的態度去對待民眾，不應該用親愛家人的親情去對待他們。君子由親近愛護自己的家人，推廣到關懷民眾，再普及到以愛護的行動去對待自然界的花草樹木。

　　孟子曰：「君子之於物也，愛之而弗仁；於民也，仁之而弗親。親親而仁民，仁民而愛物。」

盡信書，不如無書

　　完全相信書上的話，還不如不要看書。我讀了周書武成篇的長篇大論，只擷取當中所載的二三頁。真正的仁人志士是沒有敵人的。像周武王這麼仁慈的人，要去討伐像商紂這種毫無良心的人，怎麼會使用武力到殺他個片甲不留，血流成河、足以漂流春杵呢？

　　孟子曰：「盡信書，則不如無書。吾於武成，取二三策而已矣。仁人無敵於天下。以至仁伐至不仁，而何其血之流杵(ㄔㄨˇ，春杵)也？」

隨遇而安

　　虞舜還是平民的時候，吃乾糧配野菜，他甘之如飴，好像打算就此過完一生；等到他成為天子，身穿錦緞玉衣，彈奏著五弦琴，還有兩位妻子照顧他，彷彿一切本來就應該如此一樣，而他也未曾改變常態。

　　孟子曰：「舜之飯糗（くーヌˇ，乾糧）茹草也，若將終身焉；及其為天子也，被袗衣（ㄆㄧ　ㄓㄣˇ一，穿著錦繡之衣），鼓琴，二女果，若固有之。」

道始於己

　　自己本身不力行正道，哪有資格要求妻子去力行正道？自己不用正道差使人，憑什麼命令自己的老婆？那是行不通的。

　　孟子曰：「身不行道，不行於妻子；使人不以道，不能行於妻子。」

好名之人

　　喜好威名聲勢的人，可以讓出千輛兵車的大國給別人。但面對無法讓他出名的對象，即使只要他讓出一盤飯、一碗湯，他都會氣沖沖的拒絕。

　　孟子曰：「好名之人，能讓千乘(ㄕㄥˋ)之國；苟非其人，簞食豆羹(ㄉㄢ ㄙˋ ㄉㄡˋ ㄍㄥ，指簡陋的食物)見於色。」

以民為貴

　　人民是一個國家當中最重要的，國家社稷排名第二，君王排名第三，最不足道。因此，獲得人民愛戴的，就可以成為天子；獲得天子喜愛的，就可以擔任諸侯；獲得諸侯賞識的，就可以成為士大夫。

　　如果諸侯的所作所為已經危害到國家社稷的安全，那就要取消這位諸侯的資格，另找一位稱職的諸侯。若是準備用來祭天的牲禮備齊，要獻給老天爺的五穀玉米都洗乾淨，也按時遵照禮俗祭祀，乾旱水災卻還是接連不斷，那就要考慮另立社稷了。

　　孟子曰：「民為貴，社稷（ㄕㄜˋ　ㄐㄧˋ，本指土神和穀神，後用來泛稱國家）次之，君為輕。是故得乎丘民而為天子，得乎天子為諸侯，得乎諸侯為大夫。諸侯危社稷，則變置。犧牲既成，粢盛（ㄗ　ㄔㄥˊ，一種古代的祭祀儀式）既潔，祭祀以時，然而旱乾水溢，則變置社稷。」

勿以己昏責人明

　　古代的聖賢君子，自己先熟悉道德仁義的道理，再去教導其他人；現在的人卻相反，自己都不明白道理，還要教導別人道德仁義。

　　孟子曰：「賢者以其昭昭（ㄓㄠ　ㄓㄠ，明曉通達），使人昭昭；今以其昏昏，使人昭昭。」

學 貴 有 恆

　　孟子有一次對高子說：「山嶺上的小路，如果每天都有人
經過、不間斷的踩踏，那麼這條小路總有一天會變成大路。但
是只要幾天沒有人走過，路旁的茅草叢生，就會掩蓋住這條小
路。我看啊！現在你的心已經完全被茅草塞住囉！」

　　孟子謂高子曰：「山徑之蹊（ㄒㄧ，人行處也）間，介然用
之而成路；為間不用，則茅塞之矣。今茅塞子之心矣。」

妄下論斷

某日，高子興沖沖地對孟子訴說他的新發現——

高子說：「我覺得大禹那個時代的音樂，一定比文王那個時代的音樂好聽。」

孟子充滿疑惑地問：「怎麼說呢？」

「我看大禹的鐘鈕已經像被蟲蛀的快斷掉一樣，想來應是聲音好、用得多之故。」高子得意的說。

「這真是胡扯！怎麼能當作證據呢？就像城門邊的馬車軌跡比一般車道上的軌跡還要深，難道是因為一車兩馬之力所輾成的嗎？那只是時日一久，車子進出得多的緣故。大禹的鐘鈕快斷了，都是因為歷史悠久的關係啊！你連這也不懂！」

高子曰：「禹之聲，尚文王之聲。」
孟子曰：「何以言之？」
曰：「以追蠡（ㄌㄧˇ，齧木蟲）。」
曰：「是奚足哉？城門之軌，兩馬之力與？」

重做馮婦

齊國鬧飢荒已經有一陣子了。有一天，陳臻跑來拜訪孟子，他告訴孟子：「先生啊！人民都以為你會像先前一樣，勸齊王打開糧倉來救濟人民，你會再這麼做嗎？恐怕不會了吧！」

孟子覺得有趣，笑笑回答：「我如果再這麼做，豈不是成為另一個馮婦了嗎？」

「誰是馮婦啊？」

「在晉國有一位女士叫馮婦，她很厲害，可以赤手空拳打老虎，救了很多人的性命。後來成為地方上的善人，當時有許多文人君子都一窩蜂的模仿她多做善事。有一天，郊外的山丘上又出現一隻老虎，眾人追趕著牠，但老虎蹲在山路彎曲處，虎視眈眈的看著一堆村民，所以沒有人敢去攻擊牠。」

「哎呀，結果呢？」

「後來，有一位村民看見馮婦來了，就前往迎接她。馮婦看到這個情況，馬上捲起袖子準備奮勇戰虎，村民紛紛為她加油。可是，站在一旁的文人仕士卻譏笑她不知自止。」

「哎呀，真是尷尬！」

「是啊，那你說，這次該輪到我挺身而出了嗎？」孟子笑著問。

　　齊饑。陳臻曰：「國人皆以夫子將復為發棠(ㄊㄤ／，
棠，齊邑。發棠指發散糧倉，以賑濟貧民)，殆不可復。」

　　孟子曰：「是為馮婦也。晉人有馮婦者，善搏虎，卒為
善士。則之野，有眾逐虎。虎負嵎(ㄩ／，山彎曲的地方)，莫之
敢攖(一ㄥ，觸犯)。望見馮婦，趨而迎之。馮婦攘臂下車。眾
皆悅之，其為士者笑之。」

養心莫善於寡欲

　　要想修身養性，最重要的一點就是要減少慾望。一個人如果慾望不多的話，即使本性有一點偏差，也不會壞到那裡去；一個人如果慾望太多，即使他的本性不差，但是他的人格也不會好到那裡去。

　　孟子曰：「養心莫善於寡欲。其為人也寡欲，雖有不存焉者寡矣；其為人也多欲，雖有存焉者寡。」

附 錄 一

孟子年表

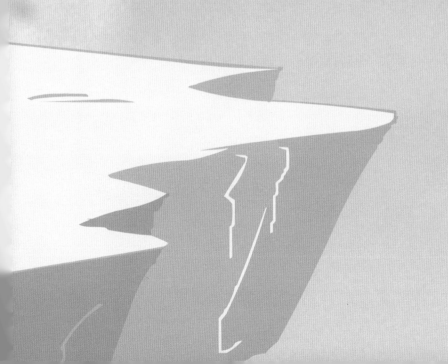

孟子年表

周	公元前	年齡
		一歲
		十五歲
	372年	二十歲
周烈王四年	357年	四十歲
周顯王十二年	352年	四十三歲
十七年	332年	四十四歲
三十七年	329年	
四十年	328年	四十六歲
四十一年		四十七歲
	326年	四十八歲
四十三年		四十九歲
	325年	五十二歲
四十四年	324年	五十三歲
四十五年	323年	五十四歲
四十六年	320年	五十七歲
周慎靚王一年	319年	
二年	318年	
三年	315年	六十歲
六年		八十二歲
	312年	八十三歲
周赧王三年	290年	
二十五年	289年	
二十六年		

大事紀	附註
孟子約生於此時	
受業於子思門人	
欲休妻	
孟子在鄒，與鄒穆公問答	
首次至齊	齊威王二十八年
孟子與告子辯論，和匡章交遊。	齊威王二十九年／宋君偃後元一年
同年離開齊國，前往宋國。	
孟子在宋，與滕國世子相會，	宋君偃後元三年
並與宋人勾踐論遊說之道。	
孟子離開宋國，回到鄒。	宋君偃後元四年
孟子由鄒之滕，推行仁政	
孟子與農家陳相辯論	
孟子見梁惠王	
孟子與公孫丑論短喪	
孟子見梁襄王・孟子至齊，與齊宣王問答	齊宣王二年
魯平公欲見孟子；孟子返齊，與充虞論葬母	魯平公十年／齊宣王五年
齊宣王問孟子伐燕	
孟子與淳于髡辯論；孟子辭官離開齊國	
《孟子》一書約編撰於此時	
孟子約卒於此時	

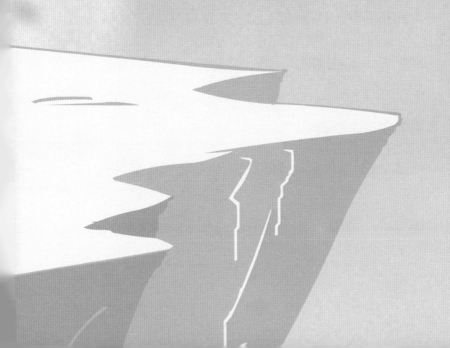

附錄二　孟子說

使用說明書

系統需求・安裝與移除・操作說明

目錄
▶ 系統需求
▶ 安裝與移除
▶ 操作說明

「系統需求」

電腦主機：PentiumIII 500以上或其他相容機種

記憶體：標準配備128MB，建議使用256MB以上

硬碟空間：580MB以上

光碟驅動器：八倍速以上之CD-ROM或DVD-ROM

顯示卡：支援DIRECTX之3D加速卡，並內建8MB以上之VRAM

鍵盤滑鼠：必備

作業系統：Windows 98以上之微軟視窗作業系統

備註一　DIRECTX8.0以上的版本（光碟內提供安裝）

安 裝 與 移 除

| 安裝方式 |

開啟電腦，將CD放入CD-ROM，CD會自動執行，出現安裝介面，點選1安裝孟子說。

接下來您會看到一個對本電子書的授權合約，請按1接受繼續安裝。

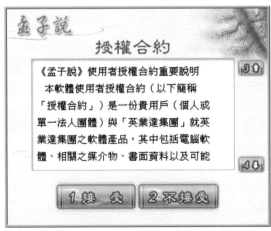

請選擇要安裝的路徑，確定繼續安裝。

正在安裝，請稍候。

安裝完成

　　為保證該產品能順利運行，本光碟會自動提供支援軟體的
安裝，請您確定或取消進行安裝。

　　備註二：98用戶請自己安裝 Windows Media Player7.0
以上版本來支援本電子書順利執行。

| 移除方式 |

　　選擇＜開始＞的＜所有程式＞下的＜孟子說＞程式組中
的＜移除孟子說＞。

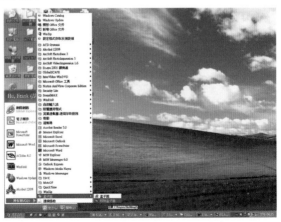

請確定是否移除孟子說。

是否確定移除孟子說？

正在移除，請稍候。

正在移除請稍候...

孟子說移除完成。

移除完成。

操 作 說 明

　　本遊戲中，所有的按鈕上，均有操作按鍵對應，請根據介面按鈕上的注釋，按相對應的按鍵，即可實現所有操作。當然，你也可以使用滑鼠進行所有操作。

　　從Windows的＜開始＞功能表中選擇＜所有程式＞，再啓動孟子說選項，即可運行《孟子說》電子書。

　　在電子書主介面四個選項，分別是：

1.閱讀孟子：閱讀孟子的原文。

2.有聲說故事：進入孟子有聲書。

3.趣味題庫：看看你掌握多少孟子學說精髓。

4.最愛輸出：輸出你喜歡的桌面、螢幕保護。

Esc離開：退出本電子書。

明日多媒體書004

漫畫原著：蔡志忠

動畫監製：魚夫

動畫製作：甲馬創意股份有限公司

封面&視覺構成：紅膠囊創意股份有限公司

總編輯：李進文

責任編輯：洪筱歆

發行：明日工作室股份有限公司

印刷：乘隆彩色印刷有限公司

出版者：明日工作室股份有限公司
　　　　　台北市111士林區後港街66號A棟3樓

傳真：(02)2881-0399

客服專線：(02)2881-0300

服務信箱：service@tomor.com

網址：http://master.tomor.com

總經銷：時報文化出版企業股份有限公司

台北縣中和市連城路134巷16號

TEL：(02)2306-6842

FAX：(02)2304-9301

初版一刷：2003年10月

原價：新台幣700元

特價：新台幣350元

ISBN：957-97611-6-7

國家圖書館出版品預行編目資料

孟子說／蔡志忠漫畫原著. --初版--臺北
市：明日工作室,2003〔民92〕
面：公分. --(明日多媒體書；4)
ISBN：957-97611-6-7(精裝附影音光碟)

I.孟子-漫畫與卡通

121.26   92009934